МУЛЬТСКАЗКА

КАК НАЙТИ КЛАД

МОСКВА, «ЯБЛОКО», «ДЕТИЗДАТ», 2017 г.

Щенку Тошке очень хотелось найти клад. «Разбогатею – куплю всё, что захочу, – мечтал Тошка. – Только где искать этот клад?.. Ну, конечно, под землёй!».

Щенок взял лопату, мешок и отправился в поле. Увидел холмик и стал копать. И вдруг на дне ямки – серый пушистый комочек. Смотрит комочек на Тошку и спрашивает: «Ты что ищешь?». Тошка не растерялся и говорит: «Клад ищу. Хочу стать богатым, чтобы всего-всего накупить!».

«Я тебе помогу», – сказал серый комочек – полевая Мышка. Она юркнула в норку. А когда появилась, в лапке у неё была золотая монетка. «Бери, – сказала Мышка. – Она давно под землёй лежит».

Обрадовался Тошка, поблагодарил Мышку и через поле, через лес помчался на базар. Чего только не накупил Тошка на базаре: и сахарную косточку, и разноцветных леденцов, и семечек, и медовых пряников, и лесных орешков!

Довольный, счастливый, с полным мешком за спиной идёт Тошка по лесу, поёт, щелкая орешки:

Как я рад! Как я рад! –
Я нашёл чудесный клад!

Спрыгнула с дерева на дорожку Белочка, спрашивает: «Не угостишь ли меня, щеночек, орешком?» – «Одним орешком сыта не будешь. Бери побольше!».

Ускакала Белочка с орешками.

А Тошка вытащил из мешка румяное яблоко, захрустел: хрум-хрум-хрум!

Выкатился из-за куста Ёж. «Здравствуй, щенок! Вкусное ли яблочко?» – «А ты сам попробуй и узнаешь».

Насадил Тошка яблоки Ежу на иголки и пошёл дальше. Мешок за спиной стал легче. Но щенок не унывал и пел ещё громче:

Как я рад! Как я рад! –
Я нашёл чудесный клад!

Зашуршали ветки, затрещали, и прямо перед собой Тошка увидел Медвежонка. «Что за клад ты нашёл? – спрашивает. – Можно посмотреть?». Раскрыл щенок мешок и говорит: «Угощайся!». Сгрёб Медвежонок в охапку сушки, леденцы, заурчал: «Спасибо! Спасибо!». Стал мешок ещё легче.

Достал Тошка кулёк с семечками, идёт грызёт.

«Шур-р-р!» – слетела на пенёк стайка синичек, защебетала: «Тень-тень-тень! Свирь-свирь! Подари, щеночек, семечки синичкам!». Высыпал Тошка на пенёк все семечки. «Вот угощенье, так угощенье!» – обрадовались синички. А мешок за спиной щенка стал совсем лёгким.

Возле самого дома повстречал Тошка Курицу с цыплятами. «Куд-куда это ты, щенок, ходил? Что в мешке несёшь?» – «Я клад нашёл. На базар ходил. Всего накупил! Вот!» – открыл

Тошка мешок. «Ко-ко-ко! Пи-пи-пи! – закудахтала Курица, запищали цыплята. – Пожалуйста, дай крошечку пряничка, Тошечка!».

И отдал щенок пряники Курице с цыплятами.

И осталась в мешке только одна косточка. Съел Тошка косточку, заглянул в пустой мешок и расплакался.

Подбежала к нему полевая Мышка и спрашивает: «Уж не по богатству ли своему ты слёзы льёшь?» – «Нет у меня никакого богатства», – вздохнул Тошка.

«А хочешь послушать, какую я сейчас в лесу песенку слышала:

Щенок по лесу проходил
И всем подарки подарил,
И каждый весел, каждый рад –
Щенок наш друг! Он просто клад!».

Тошка улыбнулся и подумал: «У меня есть такое богатство, как дружба Белочки, Ёжика, Медвежонка, синичек! И значит, нет причин лить слёзы! Ни-ка-ких!».